मार्ग और मंज़िल

मार्ग और मंज़िल

काव्य-संग्रह

मुकेश छाजेड़

Title: मार्ग और मंज़िल (Marg aur Manjil)
Author: मुकेश छाजेड़ (Mukesh Chhajer)
Language: हिंदी (Hindi)

Publisher: Mukesh Chhajer
Published: June 2016

Books by Mukesh Chhajer:

- Random Reflections (2006)
- On Life and Liberation: Essays on Jain Practices and Philosophy (2007)
- Silent Voices (2008, 2012)
- समय के रंग (Samay Ke Rang (in Hindi)) (2010, 2012)
- Tirthankar Mahaveer: A Biography in Verse (2010, 2012)
- Momentary Madness (2012)
- Love's Lies and Other Deceptions (2013)
- आहत आत्माएें (Aahat Atmaen (in Hindi)) (2015)
- मार्ग और मंज़िल (Marg aur Manjil (in Hindi)) (2016)

Cover Photograph and Design: Mukesh Chhajer

Copyright © 2016 Mukesh Chhajer
All rights reserved. No part of this book can be reproduced in any form without the prior written permission of the author.

ISBN-13: 978-0692736180
ISBN-10: 0692736182

शुरुआत

गंगा में नहाकर..1
"ओ सखा, यह भूल थी..2
हर क्षण, है अपने-आप में 3
हर प्रियतम है शिकार, ...4
कोई मौन कैसे 5
हर वादा, है उस अभिमान 6
मैं और मेरी जिंदगी 7
न मैं भगवान हूँ, ...8
अध्यात्म अधूरा है..9
कल्पनाओं के दायरे में......................................10
रूह यदि कह दे 11
बदल गयी है परिभाषा......................................12
सूर्य भी बेचारा...13
रुक जा प्रिये..14
प्यास अधूरी..15
हे समय..16
आवारा पत्ते..17
क्या-क्या छिपाकर...18
यदि है हिम्मत...19
अनोखी दुनिया और...20
मेरे आराध्य...21
किसी को है अभिमान......................................22
विविध दिशाओं से..23
कहते हैं प्रभु कृष्ण...24
अंधकार यदि सिर्फ...25

राख, है बड़ी दगाबाज़	26
अकेलेपन का अहसास	27
मकान, कार या इकट्ठा धन	28
आस्था के सागर	29
शब्दों के माध्यम से	30
बहुत नहीं तो थोड़ा ही	31
मृत्यु नहीं संदेश किसी का	32
अंधेरा जब घेरता है	33
मेरे नेत्र, ख़ोज रहें हैं	34
वक्त के हाथों	35
जंज़ीरें जहाँ हो जाती हैं	36
बहती वायु	37
प्रियतम मुझसे हैं	38
मथुरा, बृंदावन,	39
ध्येय अधूरा	40
भाषा और शब्द	41
स्वतः ही उभर जाती हैं	42
मेरी जिंदगी ने कई	43
कुछ स्वप्न	44
जो लकिरें उभरती हैं	45
हर फूल, है प्रसन्न	46
मेरे भाग्य की रेखाएँ	47
भक्ति के सहारे	48
मौत के सामने यदि	49
क्यों देते हो दोष	50
मैं वह सत्य नहीं	51
मौत है एक घबराहट	52
नहीं सत्य है मेरा साथी	53
खुदा ने कहा	54

मोती आँखों से यदि………………………………………………	55
नहीं जानता,……………………………………………………	56
मौत के दायरे को………………………………………………	57
यदि उठे एक नाद………………………………………………	58
न मैंने चुना जीवन……………………………………………	59
मैं सपना एक धुंध भरा…………………………………………	60
मैं, खोकर अपने सत्य को………………………………………	61
मेरी ख़ोज…………………………………………………………	62
तुम सूरज मैं ताप तुम्हारा………………………………………	63
हर दरिया का दोष………………………………………………	64
यदि मौत को ललकारोगे………………………………………	65
हर क्षण मेरी……………………………………………………	66
घटा नहीं बरसे सावन में………………………………………	67
यदि नियंत्रण है हाथों पर………………………………………	68
सत्य को न कोई ख़ोज…………………………………………	69
मैं राही हूँ सपनों का……………………………………………	70
जैसे सूर्य नहीं बुझता है………………………………………	71
क्या काबा और…………………………………………………	72
हर मिट्टी की यही कहानी………………………………………	73
शिव के सम्मुख…………………………………………………	74

मार्ग और मंज़िल -- मुकेश छाजेड़

गंगा में नहाकर..........

गंगा में नहाकर हम आये
    पर मैल अभी भी आँखों में
गंगा में नहाकर हम आये
    पर मैल अभी भी कानों में

गंगा में नहाकर हम आये
    पर मैल अभी भी माथे पर
गंगा में नहाकर हम आये
    पर मैल अभी भी हाथों पर

मानव और मैल का है बंधन
    सदियों से, जन्मों-जन्मों से
क्या दोष बेचारी गंगा का
    हम लोट लगायें कीचड़ में

गंगा में नहाकर हम आये
    पर मैल अभी भी आँखों में

मार्ग और मंज़िल -- मुकेश छाजेड़

"ओ सखा, यह भूल थी........

"ओ सखा, यह भूल थी मेरी कि
मैं तुम्हें ना पहचान सका
ये रूप, ये यौवन, ये सौंदर्य बना देता है तुम्हें
एक मानव

अब उतारो भ्रम मेरा, कर प्रकट
वह अनंत स्वरुप
जिसको तरसें ऋषि-मुनि भी
पाने को एक झलक ", कह पार्थ

हुए नत-मस्तक, हतप्रत् मन-ही-मन
ये कैसी भूल, कोई करे कैसे प्रायश्चित
तभी सम्मुख प्रकट स्वरुप में हो ओतप्रोत
पाया स्वयं को स्वयं के, अति-निकट

मार्ग और मंज़िल -- मुकेश छाजेड़

हर क्षण, है अपने-आप में …………

हर क्षण, है अपने-आप में संपूर्ण
मिटने का उसे, नहीं है डर
घूमता है स्वतंत्र, अपने हाल में मस्त
देखा है कभी उसे, बहाते आँसू

दुनिया के जाल में, एक वही है जिसने
पाई है ख़ुशी, हम तो अपने ही
बंधनों में बंध कर, अपने ही
आँसुओं को पीकर, पाते हैं संतुष्टी

मार्ग और मंज़िल -- मुकेश छाजेड़

हर प्रियतम है शिकार, ...

हर प्रियतम है शिकार, अपने प्रेम का
हर फूल, अपनी खुशबू का
हर नदी, अपने बहाव की
हर पर्वत, अपनी ऊँचाई का

हर पेड़, अपने फल का
हर मधुमक्खी, अपने मधु की
हर आँख, अपने आँसू की
हर सागर, अपनी गहराई का

हर कहानी, अपने अंत की
हर कविता, अपने शब्दों की
हर वाक्य, अपने भाव का
हर मनुष्य, अपनी साँस का

मार्ग और मंज़िल -- मुकेश छाजेड़

कोई मौन कैसे ....

कोई मौन कैसे कह सकता है
अपना दर्द, और फिर
शब्दों की क्या ताकत
जो समझा सकें, वह अर्थ

नेत्रों के माध्यम से यदि
उतर सको हृदय में
समझ जाओगे विश्व के
हर एक कण को
तब क्षण-भर में

मार्ग और मंज़िल -- मुकेश छाजेड़

हर वादा, है उस अभिमान ....

हर वादा, है उस अभिमान की निशानी
जो कहता है, है मेरा समय पर नियंत्रण
करेंगे पूरा कल या परसों, अगले क्षण या बरसों बाद
किसने नहीं जाना है परन्तु, समय का विश्वासघात

हम हैं पर आदत के शिकार
अभिमान हमारा चढ़ चुका है, हमारे सर
जकड़ कर हमें एक भूल-भुलैय्या में
हँसता है समय, हमारे असफल प्रयासों पर

मार्ग और मंज़िल -- मुकेश छाजेड़

मैं और मेरी जिंदगी ......

मैं और मेरी जिंदगी
आज उतर गये हैं एक जंग में
महाभारत की इस लड़ाई में परन्तु
कौन है कौरव, कौन पांडव
और कहाँ हैं कृष्ण और अर्जुन

पक्ष और प्रतिपक्ष, नहीं हैं स्थिर
न ही उठ रही है आवाज़ जो
मज़बूर कर दे, अनंत की उपस्थिति
हर दौर में होते हैं ध्वस्थ, कुछ और योद्धा
करने को खड़ी, एक नयी फ़ौज कायरों की

यह युद्ध, जिसका उद्देश्य था
विश्व-रूप का दर्शन
अब मात्र जताना चाहता है, वर्चस्व अपना
रेत के टीलों पर

मार्ग और मंज़िल -- मुकेश छाजेड़

न मैं भगवान हूँ, ...

न मैं भगवान हूँ, न मैं भक्त
इसीलिये भटक रहा हूँ, मैं दर-दर

न मैं योगी हूँ, न शास्त्रज्ञ
इसीलिये हर कार्य मेरा, है अनर्थ

न मैं प्रियतम हूँ, न ही दुश्मन
इसीलिये संसार में, हूँ मैं अनजान

न मैं बंधु हूँ, न ही सखा
इसीलिए पथ मेरा, काँटों से सजा

न मैं भगवान हूँ, न मैं भक्त
इसीलिये भटक रहा हूँ, मैं दर-दर

मार्ग और मंज़िल -- मुकेश छाजेड़

अध्यात्म अधूरा है.........

अध्यात्म अधूरा है, यदि सार नहीं समझा है
शास्त्रों की व्याख्या से, न कोई मोक्ष पहुँचा है

हृदय में उतारो उसे, क्षण-क्षण दोहराओ उसे
हर साँस-उच्छ्वास में, अनुभव से पाओ उसे

अध्यात्म न मूर्ति है, न कोई कोरी-कल्पना
अध्यात्म के धरातल पर, क्या अपना-क्या पराया

मार्ग और मंज़िल -- मुकेश छाजेड़

कल्पनाओं के दायरे में...........

कल्पनाओं के दायरे में, अस्तित्व संघर्षशील है
कल्पनाओं से हट कर, स्वयं में गमगीन हो

न कुछ माँग, न कुछ खोज, कर स्वयं में संतोष
जो तुझे चाहिये, भीतर ही अभिव्यक्त है

राग-द्वेष मोह-माया, कर रहें हैं अपना काम
इन्हीं से कुछ सीख अब, स्वयं में तू लीन हो

तर्क-वितर्क और कर्म-कांड, रखते हैं हमे व्यस्त
इनके माध्यम से पर, पहुँचा है कौन मोक्ष

मार्ग और मंज़िल -- मुकेश छाजेड़

रूह यदि कह दे ....

रूह यदि कह दे यह आज
छोड़-छोड़ अब मेरा साथ
पंच-भूत का तू एक जाल
मेरा तो है, स्वभाव स्वतंत्र

छोड़ सकेगा क्या उसको आज
कर पूरी उसकी ये चाह

मार्ग और मंज़िल -- मुकेश छाजेड़

बदल गयी है परिभाषा……..

बदल गयी है परिभाषा, भक्तों की
एक तिलक देता है इसकी, गवाही
जो कभी था शोभा, मंदिर की
भटक रहा है आज लेकर झोली, गली-गली

मंदिरों पर चढ़ी है आज, भीड़ बड़ी
दान पेटियाँ भी नहीं हैं, खाली
देने वाले तो बहुत मिल जायेंगे
भूखे-प्यासे हैं, प्रभु फिर भी

न युधिष्ठिर हैं यहाँ, न यहाँ जनक बसते
न सूर, मीरा या कबीर से आदर्श बचे
एक कंकण की भी कीमत वसूल करते हैं
बस सौदागर ही बसते हैं, इस बाज़ार में

सूर्य भी बेचारा...........

सूर्य भी बेचारा क्या कर सकता है
यदि अंधकार ही है, दिल में भरा

चाँद भी क्या पढ़ायेगा पाठ प्रेम का
यदि घृणा का ही है, बसेरा

पानी भी क्या समझा सकेगा शीतलता
जहाँ क्रोध है हरदम, भभकता

हवा की भी क्या ताकत कि वह
सिखा सके, तरलता

निष्ठुर ह्रदय कैसे जान सकता है
क्या है, मानवता

मार्ग और मंज़िल -- मुकेश छाजेड़

रुक जा प्रिये............

रुक जा प्रिये, कोई नहीं मेरा
दुनिया रेगिस्तान
दोपहर की इस भरी धूप में
फैला अपना आँचल

शीतल शब्दों की धारा से, नैनों की अमृत वर्षा से
गोल-कपोलों की लाली से, होंठों की भीनी मुस्काहट
से फूँक ह्रदय में प्राण
रुक जा प्रिये, कोई नहीं मेरा
दुनिया रेगिस्तान

रात अंधेरी तारे गुम-सुम, दिन का तेज गया है अब छुप
संध्या की अंतिम किरणें भी, भूल गयी अपना कर्तव्य
रुक जा प्रिये, कोई नहीं मेरा
दुनिया रेगिस्तान

मित्र नहीं ना कोई परिवार, ग्रहण पड़ा है हर संबंध पर
तू ही एक आसरा मेरा, छोड़ न मुझे मझधार
रुक जा प्रिये, कोई नहीं मेरा
दुनिया रेगिस्तान

मार्ग और मंज़िल -- मुकेश छाजेड़

प्यास अधूरी............

प्यास अधूरी, बुझ न सकेगी
            दरिया चाहे भरी हुई हो
तम की धारा, नहीं रुकेगी
            सूरज चाहे पूर्ण खिला हो
खुशबू से है फूल भी वंचित
            नहीं ताप अग्नि के भीतर
बिछुड़ रही मानवता मन से
            कैसे पहुँचोगे फिर मंज़िल

दौड़-धूप ये सारी दुनिया
            धन-दौलत संबंध की सृजनि
क्षण-क्षण का हम मूल्य चुकाते
            अपनी साँसों के माध्यम से

मार्ग और मंज़िल -- मुकेश छाजेड़

हे समय............

हे समय, क्यों है तू इतना निर्दयी
कर मुझे परास्त, क्या तू पायेगा
जो नहीं है, तेरे पास

यह संसार, जहाँ मानव जताना चाहता है अपना वर्चस्व
टिका है तेरी उँगली की
एक नोंक पर

यह विश्व, जिसे घमंड है अपने व्यापक विस्तार पर
सिहर जाता है तेरी
एक हल्की सी ठोकर मात्र से

यह ब्रह्मांड, जहाँ चाँद - सूरज और तारें भी लगते हैं तुच्छ
भूल जाता है स्वयं को तेरे
क्षण भर के अभाव से

हे समय, फिर क्यों तू करता है
दुश्मनी, मुझ ही से

मार्ग और मंज़िल -- मुकेश छाजेड़

आवारा पत्ते..........

आवारा पत्ते, पतझड़ के प्यारे
रंगों में लिपटे, छूते हैं आसमां
या धरती पर रमते

कभी हरे, कभी लाल, कभी पीले
अपने ही अस्तित्व से अनभिज्ञ
स्वतंत्र, झोंकों पर सवार
निकले हैं यात्रा पर, आवारा पत्ते

सडकों के किनारे, हो जाते हैं इकट्ठे
खुद में ही डूबे, भूले हैं सबको
समय भी इनसे, खा गया है मात
कैसे फिर कोई जीतेगा, आवारा पत्तों से

साथी तो कई हैं, फिर भी हैं अकेले
रंगों से सराबोर, हैं फिर भी बेरंगे
हैं हरदम गतिबद्ध, पर मंजिल नहीं कोई
कब बंधन में बंधते हैं, आवारा पत्ते

मार्ग और मंज़िल -- मुकेश छाजेड़

क्या-क्या छिपाकर............

क्या-क्या छिपाकर रखोगे
किस-किस से बच कर रहोगे
यदि झाँककर देखोगे स्वयं में
आकाश भी रह जायेगा छोटा
तुम्हारी ख़ामियों को ढंकने के लिये

मार्ग और मंज़िल -- मुकेश छाजेड़

यदि है हिम्मत..........

यदि है हिम्मत, दौड़ कर
पकड़ ले उस स्वप्न को
जो बेसब्र है, तुझसे
मिलने के लिये

अड़चने, खाइयाँ और पहाड़
जो उभर आते हैं मध्य में
कई-कई बार, अचानक ही
हैं तेरा भ्रम-मात्र

हर कदम, जो तू रखेगा
आत्मविश्वास के साथ
उतरेगा ठोस धरातल पर चाहे
वहाँ पहले रहा हो, शून्य का साम्राज्य

हर शब्द, जो तू कहेगा
आत्मविश्वास के साथ
हो जायेगा सत्य चाहे
हो कितना ही असंभव

दौड़, कर हिम्मत
न कर देर
कहीं स्वप्न तोड़ न दे
दम, तुझसे मिलने के पहले

मार्ग और मंज़िल -- मुकेश छाजेड़

अनोखी दुनिया और............

अनोखी दुनिया और निराले लोग
सूरज की किरणों से, रहते हैं दूर
चंदा की रोशनी भी, है यहाँ बेकार
काँच के टुकड़ों से, बढ़ाते हैं मोह

हर दिल है खाली, आँखें उदास
हर कान सुनना चाहता है, स्वयं का गुणगान
हर मुँह उगलता है, शब्द सुहाने
बढ़ता है जिनसे, जीवन में अहंकार

मौत भी करती है, यहाँ पक्षपात
निकल रही है अर्थी, मानवता की सरेआम
सूरज भी नहीं फैला पाता है, प्रकाश अपना
अंधकार समाया है यहाँ, इतना घना

मार्ग और मंज़िल -- मुकेश छाजेड़

मेरे आराध्य......

मेरे आराध्य, हैं श्रीकृष्ण या श्रीराम
या कहूँ उन्हें, शिव या महावीर
शब्दों से जुड़े, करते हैं खड़े
चित्र अलग-अलग

बाँध कर मुझे सीमाओं में, कर जाते हैं
मेरे मन को विचलित, नहीं होने दे रहे हैं
मेरा परिचय, स्वयं से

हे कृष्ण, हट जाओ सम्मुख से
देख लेने दो मुझे, अपना स्वरुप सम्पूर्ण

मार्ग और मंज़िल -- मुकेश छाजेड़

किसी को है अभिमान……..

किसी को है अभिमान धन का
कोई अपनी बुद्धिमत्ता का दीवाना
कोई परिवार से प्रफुल्लित, तो कोई
सौन्दर्य का ख़ज़ाना

सभी पा ही लेते हैं कुछ-न-कुछ, चाहे
हों न क्यों कितने ही असंतुष्ट
प्रकृति जानती है यह रहस्य कि बगैर बंधन के
हो जायेगी, सत्ता उसकी व्यर्थ

मार्ग और मंज़िल -- मुकेश छाजेड़

विविध दिशाओं से......

विविध दिशाओं से दौड़े आ रहे संदेश
"हम ही हैं तुम्हारे शुभचिंतक, हम ही से तुम्हारा उद्धार
बस एक बार अपना लो, कर दो स्वयं को समर्पित
तुम्हारी तिजोरी से बंधा है, ईश्वर का स्वरुप"

रेडियो, टेलीविज़न, समाचार पत्र
इंटरनेट भी नहीं है, इनसे अछूत
दसों दिशाओं में इन्हीं का, है वर्चस्व
बेचारा भगवान भी माँगता है आज, इनसे भीख

जो मार्ग कभी ऋषि-मुनियों ने बतलाया था
स्वयं के अनुभव से समझाया था
घोषित हो चुका है अनुपयुक्त, इस
त्वरित-चलित आधुनिक संसार में

मार्ग और मंज़िल -- मुकेश छाजेड़

कहते हैं प्रभु कृष्ण……..

कहते हैं प्रभु कृष्ण
न कर चिंता, न हो पथ-भृष्ट
हो चारों तरफ चाहे धुंध
द्वार भीतर के, नहीं होते कभी बंद

ज़रूरत है मात्र एक प्रयत्न
नहीं हो जहाँ, बहानों का षड़यंत्र
उभर आयेंगी वहाँ सीढ़ियाँ
जहाँ दिख रही हैं, दीवारें कठिन

मार्ग और मंज़िल -- मुकेश छाजेड़

अंधकार यदि सिर्फ..........

अंधकार यदि सिर्फ अंधकार को ही जन्म देता
कैसे जीवन में फिर प्रकाश होता

मार्ग और मंज़िल -- मुकेश छाजेड़

राख, है बड़ी दगाबाज़ ....

राख, है बड़ी दगाबाज़
न करना उस पर विश्वास
ठंडी समझ कर यदि
मस्तक पर लगाओगे
जला देगी क्षण मात्र में
भूत और भविष्य से
जोड़ने वाली सारी कड़ियों को

की है क्या कभी तुमने
इस अकेलेपन से जुड़ने की तैय्यारी

मार्ग और मंज़िल -- मुकेश छाजेड़

अकेलेपन का अहसास.............

अकेलेपन का अहसास, उभरता है
जब जीवन हो जाता है, स्वयं से त्रस्त
जैसे सागर हो जाये, पानी से परेशान
आकाश नहीं चाहे, कोई विस्तार
हवा भी घबरा जाये, स्वयं के स्पर्श से
ठंडक कर दे, पानी को हताश
स्वयं से त्रस्त कौन पहुँच पाया है, अपने लक्ष्य

मार्ग और मंज़िल -- मुकेश छाजेड़

मकान, कार या इकट्ठा धन............

मकान, कार या इकट्ठा धन
परिवार, मित्र या मान-सम्मान
पढ़ाई-लिखाई या प्रसिद्धि
किसे कहोगे, अपनी संपत्ति

इसी उधेड़बुन में डूबे हम
जी रहें हैं स्वयं से अनजाने
जैसे एक कस्तूरी मृग भटकता है
सुगंध की तलाश में

वनों में, गुफाओं में, या आलिशान भवनों में
गुरु में, शिष्यों में, या पूँजी के नियंत्रण में
युद्ध में, संधि में, या तलवारों की नोकों पर
नहीं पाओगे उसे, किसी एकांत कोने में

मार्ग और मंज़िल -- मुकेश छाजेड़

आस्था के सागर ....

आस्था के सागर, होने चाहिए गहरे
उथले पानी में कैसे, लगाओगे डुबकी

आस्था का जंगल, होना चाहिए घना
एक वृक्ष के तले कैसे, हो पाओगे लुप्त

आस्था का आकाश, विस्तृत और प्रकाशित
अँधेरी कोठरी में, नहीं है सूर्य का वास

आस्था का आलिंगन, होना चाहिए सुदृढ़
कच्ची लगामों से कैसे, अहंकार होगा नियंत्रित

मार्ग और मंज़िल -- मुकेश छाजेड़

शब्दों के माध्यम से................

शब्दों के माध्यम से, जीवन को लुभाते हैं
शब्द परन्तु अंत में, कड़वाहट ही फैलाते हैं

कर्मों के माध्यम से, जीवन को संवारते हैं
कर्म परन्तु अंत में, बंधन ही बढ़ाते हैं

साँसों के माध्यम से, जीवन को पकड़ते हैं
साँस परन्तु अंत में, धोखा दे जाती है

मार्ग और मंज़िल -- मुकेश छाजेड़

बहुत नहीं तो थोड़ा ही....................

बहुत नहीं तो थोड़ा ही
              कर ले लेकिन प्यार कभी
सूखा दरिया क्या जाने
              गहराई एक सागर की

सूरज की किरणें हैं प्यासी
              करती चाहे जग को प्रकाशित
थक कर आखिर करें समर्पित
              चंदा की सत्ता के सम्मुख

पर्वत का माथा है ऊँचा
              बड़ा कठिन है उसको छूना
फिर भी वह होता नतमस्तक
              पानी की बूँदों के सम्मुख

बहुत नहीं तो थोड़ा ही
              कर ले लेकिन प्यार कभी
सूखा दरिया क्या जाने
              गहराई एक सागर की

मार्ग और मंज़िल -- मुकेश छाजेड़

मृत्यु नहीं संदेश किसी का....................

मृत्यु नहीं संदेश किसी का
मृत्यु नहीं है अंत किसी का
मृत्यु नहीं बंधन का धागा
मृत्यु मार्ग का पत्थर, आवारा

ना दो इसको मान जरा भी
कितना ही क्यों ये इठलाये
मृत्यु बस उसको धमकाती
जो जीवन को समझ न पाये

मार्ग और मंज़िल -- मुकेश छाजेड़

अंधेरा जब घेरता है..............

अंधेरा जब घेरता है, घबरा मत जाना
उजाले में मत भूलो, यह घर नहीं है तुम्हारा
ये साज-संवार, ये तड़क-भड़क, ये अपनापन
सब के पिछे छिपा है, भय और स्वार्थ का ख़जाना

यदि कोई आया है, साँसों पर चढ़कर
उतार-और-चढ़ाव फिर, रहेगा निरंतर
यदि कोई लाया है, तोहफ़े सजाकर
कीमत ज़रूर माँगेगा, वक्त वह आने पर

मुस्कुराहट में दबी है, भविष्य की पीड़ा
उत्साह के पिछे है, बीता हुआ दर्द
मुखौटे चमकते हैं, पर काले हैं दिल
संभल कर चलना यहाँ, भूमि है दल-दल

मार्ग और मंज़िल -- मुकेश छाजेड़

मेरे नेत्र, ख़ोज रहें हैं...............

मेरे नेत्र, ख़ोज रहें हैं वह दृष्य
जिसे देखकर जीवन बन जायेगा
एक नया उल्लास

मेरे पाँव, ढूँढ रहे हैं वह राह
जिन पर चल कर, मैं पहुँच जाऊँगा
अपनी मंज़िल

मेरे हाथ, करना चाहते हैं वह कार्य
हो जायेगा जिनके माध्यम से
जीवन मेरा कृतकृत्य

मेरी साँस, ढूँढ रही है वह प्राण
जो है, इन सब का
आधार

मार्ग और मंज़िल -- मुकेश छाजेड़

वक्त के हाथों ....

वक्त के हाथों, कौन नहीं मरा
वक्त फिर भी नहीं, कभी कहलाता हत्यारा

वक्त के प्रवाह ने, कितनों को कुचला
वक्त ने कभी क्या, फिर भी पायी है सजा

वक्त ने कितनों से, किया है धोखा
वक्त ने कभी पर क्या, चुकाई है कीमत

वक्त ने सरेआम, मारा है चांटा
वक्त के सम्मुख क्या, पर कोई हुआ खड़ा

मार्ग और मंज़िल -- मुकेश छाजेड़

जंज़ीरें जहाँ हो जाती हैं ....

जंज़ीरें जहाँ हो जाती हैं व्यर्थ
सूत के धागे, आ जाते हैं काम
शब्द जहाँ हो जाते हैं व्यर्थ
मौन सुलझा देता है, सारे तनाव

धन-दौलत, मान-सम्मान
है सभी का जीवन में स्थान
जीवन को समझने के लिये परन्तु
छोड़ने होंगे, सारे बाह्य आवरण

मार्ग और मंज़िल -- मुकेश छाजेड़

बहती वायु ....

बहती वायु, बहता पानी
बहते संगम, बहता ज्ञानी
जो रुक जाये, मृत कहलाये
बहना है, जीवन की निशानी

प्रियतम मुझसे हैं ....

प्रियतम मुझसे हैं रूठ गये
ना आँख मिले, ना शब्द कहे
बैठे सम्मुख एक-दूजे के
उर में उठते हैं प्रश्न कई

बैठे हैं दोनों जड़वत से
धरती भी भय से घबराये
वायु भी भूल गयी अपना
कर्तव्य बीच में फंसकर के

प्रकृति का हर रोम-रोम
खो बैठा अपना स्पंदन
हे प्रिये उठो, छोड़ो यह ज़िद
छिड़को पलकों से, अमृत कण

मार्ग और मंज़िल -- मुकेश छाजेड़

मथुरा, वृंदावन,................

मथुरा, वृंदावन, गोवर्धन
              नहीं श्याम के हैं ये घर
नहीं विराजे राम, अयोध्या
              नहीं धाम शिव का कैलाश

राधा तुम में, तुम राधा में
              सीता तुम में, तुम सीता में
गौरी तुम में, तुम गौरी में
              रूपों से तुम परे हमेशा
                    रहते हो अपने में लीन

रमते हैं कण-कण में जो
              बूँद-बूँद में, हर एक क्षण
कैसे उनको बाँध सकेगा
              मानव का यह बौनापन

मार्ग और मंज़िल -- मुकेश छाजेड़

ध्येय अधूरा ……………..

ध्येय अधूरा, ध्यान अधूरा
जीवन का हर क्षण है सूना

वाक्य अधूरा, शब्द अधूरा
हर मूरत में छिपी कल्पना

प्रेम अधूरा, क्रोध अधूरा
हर छाया का साथ है धोखा

देह अधूरी, काम अधूरा
पथ का हर साथी है बोझा

व्यसन अधूरा, राग अधूरा
अन्तः-स्थल में भरी वासना

बने पूर्ण कैसे इस जग में
बंटें हैं जब हम, दो भागों में

भाषा और शब्द................

भाषा और शब्द, नहीं जानते अपना अर्थ
जीभ और मुँह भी, हैं नहीं समर्थ
कान सुनते हैं, बगैर समझे
गुलाम हैं सारे, एक मस्तिष्क के

रचा है जिसने, एक अजूबा जाल
पानी और पत्थर में जहाँ, अंतर है कठिन
अदृष्य दीवारें और असत्य दृष्य
मस्तिष्क की माया, करती है सभी को भ्रमित

स्वतः ही उभर जाती हैं.....................

स्वतः ही उभर जाती हैं, चादरें अंधकार की
उठती है मेरे अंदर जब, आवाज़ स्वार्थ की
नम्रता, मृदुता, मिठास है शब्दों में
छिपी है सब में पर, मूरत अभिमान की

शांति भी अशांत है, बदबू है सहयोग में
षड़यंत्र की आढ़ में, मिलते हैं हम गले
कैसे फिर संभव है, मिलन उस ह्लदय से
भटके हैं जन्मों हम, जिसकी तलाश में

मेरी जिंदगी ने कई ....

मेरी जिंदगी ने कई, किये हैं समझौते
कुछ लाभ और कुछ हानि के, हुए हैं सौदे
प्रसन्नता और उदासी का पर, नहीं उनसे संबंध
मुस्कान मेरी जानती है, कोई गहरा रहस्य

उभरती है ह्रदय में, जैसे दीपक की एक लौ
कर देती है पराजित, भयंकर अंधकार को
सहज ही बढ़ जाती है, जैसे पानी की लहर
चट्टानों से टकराकर, हो जाती है और भी प्रबल

मुस्कान नहीं जानती, क्या है विजय-पराजय
मुस्कान तो आनन्दित है, अपने ही आनंद में

मार्ग और मंज़िल -- मुकेश छाजेड़

कुछ स्वप्न ………………

कुछ स्वप्न, हैं मुझसे नाराज़
बहकावे में आकर, बंध गये हैं मेरे साथ
न हो पाते हैं पूर्ण, न हो पाते हैं मुक्त
टूट पड़े हैं मुझ पर, बदले की भावना के साथ

विक्षिप्त जीवन और विक्षिप्त ज्ञान
स्वप्न जानते हैं, कैसे फैलाना भ्रम
यदि हो पाते साकार, बन जाता जीवन सफल
अब भटकते हैं हम, मृग-मरीचिकाओं के मध्य

मार्ग और मंज़िल -- मुकेश छाजेड़

जो लकिरें उभरती हैं....................

जो लकिरें उभरती हैं
स्वतः ही माथे पर
भेद उजाकर कर देती हैं, छिपा है
जो जन्मों से

जो लकिरें उभरती हैं
पत्थरों और चट्टानों पर
इतिहास सुनाती हैं वे
मनुष्य के संघर्ष का

जो लकिरें उभरती हैं
जल की तरंगों में
याद दिलाती हैं वे
जीवन की क्षण-भंगुरता की

मार्ग और मंज़िल -- मुकेश छाजेड़

हर फूल, है प्रसन्न..................

हर फूल, है प्रसन्न
फ़ैलाता है खुशबू, अनंत
कोई काँटा, नहीं है असंतुष्ट
दोस्ती है उसकी, गुलाब के संग

हर फल है आनंदित
हर शाख, स्वयं में परिपूर्ण
हर पेड़ है इसी चिंता में
थकान राहगीर की, कैसे करे वह दूर

पानी और हवा भी, जानते नहीं स्वार्थ
फिर इंसान ने कैसे, पकड़ी यह आदत

मार्ग और मंज़िल -- मुकेश छाजेड़

मेरे भाग्य की रेखाएँ...................

मेरे भाग्य की रेखाएँ, उलझ गयी हैं स्वयं ही
माथे की रेखाएँ भी, भटक रहीं हैं किसी उधेड़-बुन में
मेरे रास्तों को मानो, काट गया है सांप
ज़हर का जीवन में, हो रहा है विकास

सुबह-से-शाम तक, परेशान है याददास्त
विचारों की उथल-पुथल से, समय भी है हैरान
शरीर की धमनियों में, खून तो बहता है
द्वन्द वहाँ परन्तु, चलता है निरंतर

चुनौती यदि कर सको, तो करो स्वीकार
मैदान में उतरने में, क्यों करते हो देर
जन्म-और-मृत्यु तो हैं, जीवन के पड़ाव
राग-या-द्वेष, क्यों रखते हो उनसे बैर

मार्ग और मंज़िल -- मुकेश छाजेड़

भक्ति के सहारे ....

भक्ति के सहारे, यदि बढ़ना है आगे
अंगारों से लड़ने का, क्या साहस रखते हो

ज्ञान के सहारे, यदि बढ़ना है आगे
पर्वतों के शिखरों पर, क्या चढ़ सकते हो

कर्म के सहारे, यदि बढ़ना है आगे
सागरों को लांघने की, क्या ताकत रखते हो

मार्ग तो कई हैं, सब पर पर पहरे हैं
उन्हें सम्मानित कर, क्या उनसे फिर लड़ सकते हो

मार्ग और मंज़िल -- मुकेश छाजेड़

मौत के सामने यदि...................

मौत के सामने यदि, फैलाओगे हाथ
मौत क्या दे पायेगी, स्वयं वह है कंगाल

भूखी, प्यासी और निराश्रय
मौत बस माँगती है, प्रेम
बन जाएगी वह स्वयं दास यदि
क्षण भर के लिये भी, समेट लोगे
उसे अपनी बाँहों में

मार्ग और मंज़िल -- मुकेश छाजेड़

क्यों देते हो दोष ....

क्यों देते हो दोष कर्मों को
वे तो बेचारे हैं, अनाथ
भटकते हैं दर-दर, भंवरों में फंसकर
भड़काये हैं हमने, स्वार्थ के कारण

असंतुष्ट संतोष है, निगाहें मदहोस हैं
महल भी हमारे हैं, अशांति के आलय
सोना-और-चाँदी, हीरे-और-जवाहरात
जंज़ीरों की चमक से, हैं आँखें चकाचौंध

कोई सत्य गलती से, नजदिक यदि आ जाये
बच नहीं पायेगा, हमारी तलवारों से
चतुर-और-चालाक हम, जानते हैं अपना स्वार्थ
कैसे भगवान भी, रास्ता दिखा पायेगा

मार्ग और मंज़िल -- मुकेश छाजेड़

मैं वह सत्य नहीं............

मैं वह सत्य नहीं जो समझा दे
ब्रह्मांड का रहस्य
या वह झूठ जो चुरा ले
चुपके से सारा सामर्थ
सत्य-और-झूठ के मध्य
छिपा है एक सागर अनंत
जूझता हूँ वहाँ मैं
स्वयं के ही विरुद्ध

मार्ग और मंज़िल -- मुकेश छाजेड़

मौत है एक घबराहट.................

मौत है एक घबराहट, जो
               निगल जाती है जीवन
बाँध कर अपने शिकंजे में
               पहुँचा देती है उस धाम

जहाँ न दिन है, न रात
               ना ही सुबह और शाम
बदलते आयामों से
               मौत को क्या काम

स्थिर, स्थाई, अचल
               मौत इठलाती है इर्द-गिर्द
उन ठिकानों के नजदिक
               जहाँ बसता है, डर

मार्ग और मंज़िल -- मुकेश छाजेड़

नहीं सत्य है मेरा साथी.................

नहीं सत्य है मेरा साथी
नहीं सरलता मुझे सुहाती
नहीं दया मेरे भीतर है
मन मेरा है, अति-अभिमानी

कदम नहीं मेरे हैं नन्हें
नहीं कार्य मेरे हैं सुलझे
विजय-पराजय नहीं जानता
दौड़ रहा हूँ, बनकर अँधा

नहीं छिपी मुझमें मानवता
नहीं ह्रदय में बसता प्रेम
मंडराते हैं इर्द-गिर्द बस
स्वार्थ, झूठ और बौनापन

नहीं सत्य है मेरा साथी
नहीं सरलता मुझे सुहाती
नहीं दया मेरे भीतर है
मन मेरा है, अति-अभिमानी

मार्ग और मंज़िल -- मुकेश छाजेड़

ख़ुदा ने कहा...................

ख़ुदा ने कहा, मैं ख़ुद हूँ तुम्हारा
मैंने कहा, क्या उपयोग तेरा

ख़ुदा ने कहा, यह दुनिया तुम्हारी
मैंने कहा, घर मेरा है छोटा

ख़ुदा ने कहा, ले अन्न-जल-वायु
मैंने कहा, है क्या कीमत इन की

ख़ुदा ने कहा, देता हूँ सोना-चाँदी
मैंने कहा, है मेरी झोली खुली

ख़ुदा ने कहा, भर सकता हूँ तुझे
क्रोध, काम, लोभ और माया से
मैंने कहा, हे प्रभु
है तू कितना दयालु

मार्ग और मंज़िल -- मुकेश छाजेड़

मोती आँखों से यदि.................

मोती आँखों से यदि छलके
     रखना इतना याद ज़रा
दुनिया के सुख-दुःख ना हों
     कारण इनके बहने का

स्वार्थ, कृपणता, झूठ-विचार
     नहीं होते किसी के हितकारी
सज्जनता-मानवता के क्षण
     आते जीवन में दो-चार

आँखों से यदि मोती बरसे
     नहीं स्वार्थ के बने गुलाम
जिस भूमि को ये छू लें
     बन जाये वह, तीर्थ स्थान

मार्ग और मंज़िल -- मुकेश छाजेड़

नहीं जानता,..................

नहीं जानता, क्या है भक्ति
नहीं समझ पाया मैं ज्ञान
नहीं है मुझ में इतनी शक्ति
कर जाऊँ कोई कार्य, महान

भक्ति में मेरी कलंक है, भय मुझ पर है अति-हावी
ज्ञान मेरा छलनी जैसा, थोथा-थोथा रह जाये
कार्य मुझे बाँधे बंधन में, स्वार्थ बना वहाँ सर्वोपरी
सारे द्वार तेरे दर्शन के, हे प्रभु मैंने बंद किये

फिर भी मन में है अभिलाषा
आयेगी वह मिलन घड़ी
मेरी असफलता का क्या
तुझे थोड़ा अफ़सोस नहीं

मार्ग और मंज़िल -- मुकेश छाजेड़

मौत के दायरे को................

मौत के दायरे को, किया हमने स्वीकार
उठी जब हमारे भीतर, सुख की प्यास
द्वैत के बंधन, हैं बड़े चतुर
जानते हैं मनुष्य की, हर एक नस

लुभाते हैं, ललचाते हैं, धमकाते हैं कभी
धमनियों में बहता, खून है स्वार्थी
लाभ और हानि ही, हो जब पैमाना
कैसे पाओगे फिर, द्वैत से छुटकारा

यदि उठे एक नाद.................

यदि उठे एक नाद अनूठा
नहीं स्त्रोत जिसका कोई दूजा
छाई हो जहाँ शांति हवा में
भीतर पर जब, बजे नगाड़े

सुनों-सुनों उसको तन्मय से
नहीं दोष है उसमें कोई
यह ध्वनी है अति-शुद्ध हमेशा
उठे नहीं यह, किसी घर्षण से

मार्ग और मंज़िल -- मुकेश छाजेड़

न मैंने चुना जीवन....................

न मैंने चुना जीवन, और न ही मौत
इस उम्मीद में कि शायद
हो जाऊँगा मैं, इन सबसे स्वतंत्र
फंस गया हूँ परन्तु अब
इन दोनों के मध्य
जीवन और मौत, दोनों ही
जताना चाहते हैं अपना अधिकार, एक साथ
समझ कर मुझे, आवारा और अनाथ

मार्ग और मंज़िल -- मुकेश छाजेड़

मैं सपना एक धुंध भरा.................

मैं सपना एक धुंध भरा
नहीं आग और नहीं धरा
ना मैं सुख, ना पवित्रता
नहीं राज यह, समझ सका

पहन के चोगा सत्यासत्य का
करता पालायन दर-दर
जान नहीं पाया लेकिन मैं
क्या जीवन का, है आनंद

मार्ग और मंज़िल -- मुकेश छाजेड़

मैं, खोकर अपने सत्य को...................

मैं, खोकर अपने सत्य को
हो गया हूँ, परास्त

न कोई दीवार थी, न कोई खाई
फिर भी चोट, मैंने खाई

न कोई दरिया थी, न कोई सागर
फिर भी बह गया, जैसे आवारा कश्ती

न कोई दुश्मन था, न कोई भाई
फिर भी सभी से, रही मेरी लड़ाई

मैं, खोकर अपने सत्य को
हो गया हूँ, परास्त

मार्ग और मंज़िल -- मुकेश छाजेड़

मेरी ख़ोज......................

मेरी ख़ोज, न सत्य की न झूठ की
मेरी ख़ोज का लक्ष्य, बस मैं ही

सत्य और झूठ, परतंत्र और पराधीन
पाकर उन्हें, कैसे सफल होगा जीवन

न मार्ग है कठिन, न यात्रा लम्बी
यदि रख सकूँ मैं कुछ क्षण, आँखें बंद

मार्ग और मंज़िल -- मुकेश छाजेड़

तुम सूरज मैं ताप तुम्हारा.........

तुम सूरज मैं ताप तुम्हारा
तुम चंदा, मैं शीतलता
तुम पानी मैं लहर तुम्हारी
तुम वायु, मैं प्राण

नहीं तुम्हारे मेरा जीवन
मुझ बिन तुम, निष्प्राण
फिर क्यों इतना रोष है तुमको
रहते क्यों अनजान

मार्ग और मंज़िल -- मुकेश छाजेड़

हर दरिया का दोष......................

हर दरिया का दोष है इतना
          दे देती है सब कुछ अपना
हर सागर का दोष है इतना
          करता स्वागत, हर आगंतुक का
धरती का भी दोष यही है
          सहती है हरदम वह ठोकर
वायु भी लाचार स्वयं से
          नहीं जानती कैसे रुकना

सूरज, चाँद, सितारें हैं सब
          शोभा अंतरिक्ष भी प्रकृति के
इनके मध्य है बैठा मानव
          लेकर हाथ में, एक छुरी

मार्ग और मंज़िल -- मुकेश छाजेड़

यदि मौत को ललकारोगे......................

यदि मौत को ललकारोगे
जान तुरत इतना जाओगे
नहीं मौत में कोई शक्ति
आती है कर्तव्य निभाने

अपने ही कर्मों के बल पर
बाँध रखा है हमने उसको
गाँठ यदि हम खोल सकें तो
नहीं सतायेगी, फिर वह हमको

मार्ग और मंज़िल -- मुकेश छाजेड़

हर क्षण मेरी................

हर क्षण मेरी, आँखें फूटी
    हर क्षण मेरे, कान हैं बंद
हर क्षण मेरी, नाक न जाने
    क्या खुशबू और क्या दुर्गन्ध

स्वाद-अस्वाद को नहीं जानती
    जीभ पर है हरदम चंचल
नहीं कर पाये भेद त्वचा अब
    क्या तीखा और क्या कोमल

निर्जीवों की इस दुनिया में
    है कोलाहल बड़ा मचा
कैसे फिर कोई जान सकेगा
    जीवन का क्या अर्थ भला ?

मार्ग और मंज़िल -- मुकेश छाजेड़

घटा नहीं बरसे सावन में....................

घटा नहीं बरसे सावन में
    सूरज ठंडा ग्रीष्म काल में
नहीं महके आँगन-गलियारे
    हो बसंत जब, यौवन में

अधरों की मुस्कान हो खाली
    आँखों की ज्योति हो खाली
उठते पाँवों के नीचे भी
    हो जब धरती, खाली-खाली

शब्दों का आधार हो खाली
    किलकारी का उर भी खाली
झूठ वहाँ पर छिपा हुआ है
    जैसे रंग में छिपी है होली

मार्ग और मंज़िल -- मुकेश छाजेड़

यदि नियंत्रण है हाथों पर....................

यदि नियंत्रण है हाथों पर
यदि पाँव हैं मर्यादित
यदि जिह्वा रहती है बस में
आँखें देखती हैं भीतर

यदि स्वाँस का आना-जाना
हो जाये स्वतः ही स्थिर
द्वार मुक्ति के स्वागत करने
क्षण-भर में खुल जायें फिर

मार्ग और मंज़िल -- मुकेश छाजेड़

सत्य को न कोई ख़ोज...............

सत्य को न कोई ख़ोज सकता है
न ही खो सकता
सत्य तो हमारे सम्मुख
है उपस्थित सदा

लगाकर चश्मे रंग-बिरंगे
छिपाकर स्वयं को, कई परदों में
हम ही भूल जाते हैं सत्य को
अपना स्वार्थ सिद्ध करने

मार्ग और मंज़िल -- मुकेश छाजेड़

मैं राही हूँ सपनों का...............

मैं राही हूँ सपनों का
                मेरा सत्य बड़ा झूठा
मेरे पैर वहाँ पड़ते
                जहाँ नहीं बसती है धरा
                      मैं राही हूँ सपनों का

फूल वहाँ खिलते हरदम
                बहती दरिया कल-कल-कल
फल की खुशबू से महके
                बाग-बगीचे, गलियारे
                      मैं राही हूँ सपनों का

नहीं ग्रीष्म ना होती शीत
                ना सावन ना पतझड़ ही
हर क्षण छाये वहाँ बसंत
                रमता रंग हर क्यारी में
                      मैं राही हूँ सपनों का

धरती है वहाँ अति-पावन
                जल में मिलता है अमृत
वायु के शीतल झोंकों से
                रोम-रोम हो आनंदित
                      मैं राही हूँ सपनों का

मार्ग और मंज़िल -- मुकेश छाजेड़

जैसे सूर्य नहीं बुझता है................

जैसे सूर्य नहीं बुझता है
जैसे चाँद नहीं मिटता
जैसे तारों की टिम-टिम भी
है आँखों का, एक सपना

वैसे ही मानव जीवन भी
जन्म-मृत्यु के मध्य संकुचित
भ्रम देता है आदि-अंत का
है लेकिन वह सदा उपस्थित

मार्ग और मंज़िल -- मुकेश छाजेड़

क्या काबा और..............

क्या काबा और क्या कैलाश
                मेरा सत्य है मेरे पास
झाँक सकूँ यदि भीतर अपने
                पाऊँगा मैं वहीं, सरताज
                        क्या काबा और क्या कैलाश

दर-दर हरदम भटक रहा हूँ
                पाने को मैं आशीर्वाद
मेरी ही साँसों से उपजे
                वेदों-उपनिषदों का ज्ञान
                        क्या काबा और क्या कैलाश

मंदिर की मिट्टी को चूमा
                दरगाहों पर किया आदाब
नहीं वहाँ पर पाया उसको
                बसा है जो मेरे भीतर
                        क्या काबा और क्या कैलाश

मार्ग और मंज़िल -- मुकेश छाजेड़

हर मिट्टी की यही कहानी...........

हर मिट्टी की यही कहानी
      नहीं जानती कैसे जीवन
           हो उसका, अभिमानी

गोद में उसकी मानव पलता
         बड़े-बड़े पेड़ों का जत्था
कहीं है दरिया, कहीं है पर्वत
         फिर भी नहीं, अहंकार

सूरज-चंदा पहरा देते
         गीत सुनाते हरदम तारे
रोम-रोम में बसी है खुशबू
         पर शीश धरे नहीं, मान

हर मिट्टी की यही कहानी
      नहीं जानती कैसे जीवन
           हो उसका, अभिमानी

मार्ग और मंज़िल -- मुकेश छाजेड़

शिव के सम्मुख...................

शिव के सम्मुख खड़ी पार्वती
           पूछ रही है यह एक प्रश्न
"हे नारायण, तुम्हीं बताओ
           क्यों मानव जीवन उत्तम ?"

कहते शिव, "हे सुनो सुंदरी
           इस त्रिभुवन में सब परतंत्र
है मानव जीवन ही ऐसा
           कार्य जहाँ कर सको स्वतंत्र

मुक्ति-बंधन सुख-और-दुःख का
           होता अद्भुत यहाँ मिलन
स्वर्ग-नर्क और मोक्ष-मार्ग के
           द्वार यहीं खुलते-और-बंद"

www.ingramcontent.com/pod-product-compliance
Lightning Source LLC
Chambersburg PA
CBHW071318040426
42444CB00009B/2041
* 9 7 8 0 6 9 2 7 3 6 1 8 0 *